Inhalt

Nun bin ich in der 2. Klasse

Nach den Ferien

1 Markiere **Sch/sch**, **Sp/sp**, **St/st** in verschiedenen Farben.

Haarspangen Schwimmbrille Pullover Handtasche

Strümpfe Geschichtenbuch Sporthose Muscheln

Schuhe Spielesammlung Waschlappen Socken

Stifte Schaufel Steine Hosen Springseil

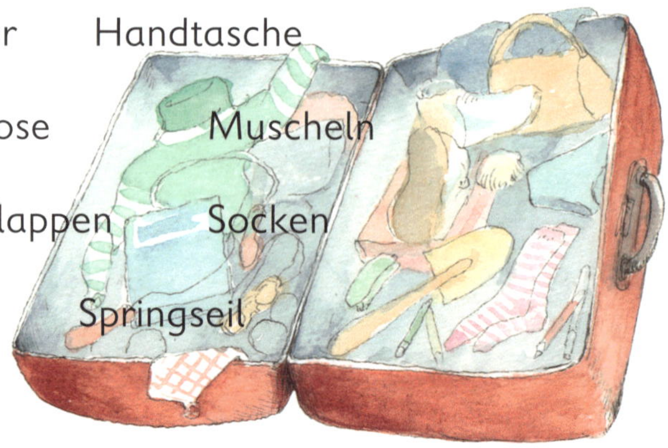

2 Verbinde die Fotos mit den richtigen Wörtern.

Kranich

Schwan

Stier

Specht

Schwein

Spinne

Storch

Schlange

Schaf

Frosch

Wieder in der Schule

1 Setze Silbenbögen unter die Wörter.

Sekretärin Lehrer Schüler Hausmeister

2 Das kannst du in der Schule tun. Schreibe die Wörter auf.

~~bas-~~	rech-	schrei-	le-	tur-	zeich-
-ben	-nen	-sen	-nen	~~-teln~~	-nen

basteln

3 Streiche die Silbe durch, die nicht in das Wort gehört.
Schreibe das Wort richtig auf.

Le se bau buch

Mu kuh sik un ter richt

Sport ta tür sche

Zei bein chen block

Klas sen berg zim mer

4 Streiche das Wort durch, das nicht in die Reihe gehört.

Schulbuch Tafel Kreide Apfelbaum Schreibheft

Pausenhof Turnhalle Ritterburg Klassenraum

Urlaub Ferien Hausaufgaben Reise Freizeit

Leseprofi

1 Was ist auf dem Bild zu sehen? Markiere das richtige Wort.

das Geschenk	der Pfau	der Quirl
die Bank	die Pflaume	die Qualle
der Schrank	die Pfeife	der Quark
das Getränk	das Pferd	das Quadrat

2 Finde die gleichen Sätze. Verbinde.

Tina und Toni lesen.	Tina und Nina lernen.
Tina und Nina lernen.	Tobi und Tino lesen.
Tim und Tom lesen.	Tina und Toni lachen.
Tobi und Tino lesen.	Tim und Tom lesen.
Tina und Toni lachen.	Tina und Toni lesen.
Tobi und Tino essen.	Tobi und Tino essen.

3 Welches Wort passt? Markiere und setze ein.

Lukas ______ in das Heft. schreit schreibt schweigt

Max ______ eine Aufgabe. redet regnet rechnet

Romi ______ ein Buch. liest liegt lebt

Batol ______ ein Lied. springt sieht singt

Antonia ______ ein Gedicht. lärmt legt lernt

Lesespaß

1 Schreibe die Reimwörter an die richtige Stelle.

Der letzte Buchstabe

Das **Z** gehört zum Alphabet,
auch wenn es ganz am Ende ____.
Am Ende steht es auch bei Her**z**,
bei Hol**z**, bei Pil**z**, bei Net**z**, bei ____.

Doch manchmal, wie bei **Z**werg und **Z**orn,
da steht das **Z** im Wort ganz ____.
Im **Z**ahnweh oder **Z**wiebelkuchen
muss man das **Z** nicht lange ____.

Dagegen wird es kaum entdeckt,
wenn es sich gut im Wort ____.
So bei den fünf**z**ehn schwar**z**en Kat**z**en
und ihren sech**z**ig schwar**z**en ____.

Paul Maar

suchen
versteckt
vorn
Schmer**z**
Tat**z**en
steht

Rund um die Schule

1 Lies die Sätze. Male richtig aus. Schreibe die Namen der Kinder auf.

1 Das Kind rechts hat eine grüne Hose.
2 Das Kind in der Mitte hat eine blaue Hose.
3 Das Kind links hat eine rote Hose.
4 Das linke Kind hat einen blauen Pullover.
5 Das mittlere Kind hat einen gelben Pullover.
6 Das rechte Kind hat einen roten Pullover.
7 Das mittlere Kind heißt Sandro.
8 Das Kind mit der grünen Hose heißt Milena.
9 Wo steht Ben? ☐ links ☐ rechts ☐ in der Mitte

2 Verbinde die passenden Satzteile.

Auf dem Schulweg	sieht man im Verkehr am besten.
Helle Kleidung	geht man nur bei Grün.
Über die Ampelkreuzung	zu gefährlich auf dem Schulweg.
Fangen spielen ist viel	muss man gut aufpassen.

In der Schule

Lesedetektive

1 Was ist auf den Bildern zu sehen? Markiere die richtigen Wörter.

der Kleber
die Kreide
der Krokus

das Tuch
der Fluch
das Buch

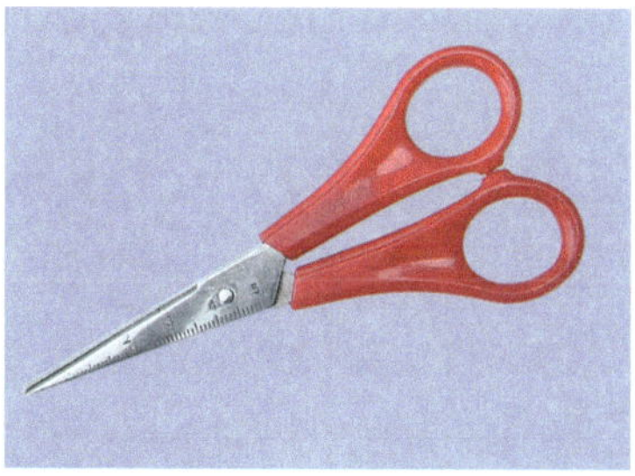

die Scheibe
die Schere
die Schleife

2 Welches Wort verändert sich?
Markiere dieses Wort.

In der zweiten Klasse sind lustige Kinder.
In der zweiten Kasse sind lustige Kinder.
In der zweiten Klasse sind lustige Rinder.
In der zweiten Klasse sind listige Kinder.

Tim und Tina sitzen und lesen.
Tim und Tina sitzen und lernen.
Tim und Tina schwitzen und lesen.
Tim und Tina schwatzen und lesen.

3 In jeder Zeile ist ein Wort zu viel. Streiche es durch.

In der großen Pause Mütze spielen viele Kinder.
Undine und Marie sitzen sie am liebsten auf der Bank.
Max und seine Freunde Vater klettern gerne.
Heute reden alle Tor über Fußball.

Eine Quatschgeschichte

Eine Lehrerin ist aus der Klasse gegangen,
und die Schulkinder waren
einen Augenblick ganz alleine.
Sie sind von ihren Stühlen aufgestanden.
Sie sind in der Klasse herumgerannt.
Sie sind auf die Tische geklettert.
Sie haben sich auf dem Fußboden gewälzt.
Sie haben ganz dollen Quatsch gemacht.
Und es ist laut gewesen, so laut!
Die Lehrerin hat es draußen gehört.
Sie ist ganz schnell gekommen.
Sie hat die Tür aufgemacht, und sie hat …

Elisabeth Stiemert

1 Was haben die Kinder gemacht? Markiere.
Vergleiche mit einem Partnerkind.

2 Suche im Text die folgenden Wörter. In welcher Zeile stehen sie?
Ergänze die Tabelle.

Wort	Zeile
Augenblick	3
laut	
Fußboden	
Quatsch	

3 Was stimmt? Was stimmt nicht? Kreuze an.

		stimmt	stimmt nicht
1	Die Lehrerin ist aus der Klasse gegangen.		
2	Die Kinder sind auf die Tafel geklettert.		
3	Es ist leise gewesen, so leise!		
4	Die Lehrerin ist ganz schnell gekommen.		

Hexe Lilli zaubert Hausaufgaben

Lilli hat ein ganz besonderes Buch. Ein Hexenbuch!
Lilli hat keine Lust auf Hausaufgaben.
Ob das Hexenbuch ihr beim Rechnen helfen kann?

Das Wort Rechnen beginnt mit dem Buchstaben **R**.
Also sucht Lilli
unter dem Buchstaben R.
In der ersten Zeile mit R steht:
Raben reden respektlos!
Rat: Regelmäßig rupfen.

Sechs Zeilen weiter
findet Lilli die Worte
„Rechne restlos richtig."
Dahinter steht
die Seitenzahl 1842.
Oje, so eine große Zahl
kann Lilli noch gar nicht lesen.

KNISTER

1 Was bedeuten diese Wörter? Verbinde.

Raben	immer wieder
restlos	die Federn herausziehen
regelmäßig	schwarze Vögel
rupfen	alles, ohne Rest

2 Was bedeuten diese Wörter? Frage nach. Schreibe die Erklärung auf.

respektlos ______________________

Rat ______________________

Hausaufgaben

Tag	Fach	Aufgabe
Montag	D	
	Ma	
	Ku	
	D	
	D	
Dienstag	D	S. 14 Nr. 1 Reim lesen
	En	
	Sp	
	SU	
Mittwoch	Ma	S. 6 Nr. 2, 3
	D	zehn Wörter mit sch sammeln
	D	
	Mu	Melodie ausdenken
	Sp	
Donnerstag	D	Fotos zum M sammeln
	SU	
	Ma	S. 7 Nr. 4
	Ku	Kastanienblatt
Freitag	SP	
	Ma	Aufgaben mit Zehnern suchen
	D	Bild zu S. 21 malen
	D	Lieblingsbuch
Sonnabend		

1 Ordne die Abkürzungen für die Fächer richtig zu. Verbinde.

D	Sachunterricht
Ma	Deutsch
Ku	Englisch
Sp	Mathematik
SU	Kunst
Mu	Musik
En	Sport

2 Schreibe die Namen der Wochentage zu den Abkürzungen auf.

Mo. ____________ Do. ____________

Mi. ____________ Di. ____________

3 Was bedeuten die Abkürzungen? Frage nach.
Markiere.

S.	Seife	Seide	Seite
Nr.	Name	Nummer	Note

Im Herbst

Vogelabschied

1.Kind

Name: ____________________

Es kommt die Zeit,|
es kommt die Zeit,|
wir ordnen uns zu Zügen.|

2.Kind

Name: ____________________

Wir müssen weit,|
wir müssen weit|
und fliegen, fliegen, fliegen.||

3.Kind

Name: ____________________

Es fällt so schwer,
es fällt so schwer,
zu scheiden, liebe Kinder.

Alle drei Kinder

Wir fürchten sehr,
wir fürchten sehr
den Winter, Winter, Winter.

Bruno Horst Bull

1 Lies das Gedicht leise.

2 Setze Pausenzeichen.

3 Suche dir zwei Partnerkinder,
mit denen du das Gedicht vortragen möchtest.

4 Einigt euch, wer welche Zeilen spricht. Tragt eure Namen ein.

5 Übt nun, das Gedicht gemeinsam laut vorzutragen.

Schnupfenzeit für Hunde

1 So bekommen Hunde Schnupfen

Wenn es draußen wieder kälter wird, erkälten wir uns manchmal. Das ist nicht nur bei den Menschen so. Auch unsere vierbeinigen Freunde, die Hunde, können sich bei diesem Wetter schon mal einen Schnupfen holen. Manchmal haben sie sich sogar bei uns Menschen angesteckt!

2 Krankheitszeichen

Ein erkälteter Hund hat oft keinen Appetit. Er ist müde und matt. Seine Nase läuft. Er muss häufig niesen. Manchmal reibt er mit der Pfote an seiner Nase.

3 Behandlung

Wenn der Hund kein Fieber hat, dann wird der Schnupfen nach wenigen Tagen von selbst wieder aufhören. Ab und zu sollte man ihm aber seine Nase abwischen. Sollte der Hund außer Schnupfen auch Fieber haben, dann ist es notwendig, mit ihm zu einem Tierarzt zu gehen.

1 Überfliege den Abschnitt 1. Suche die Wörter vierbeinigen Freunde.
Welche Tiere sind hier gemeint?
Male das richtige Tier aus.

2 Lies nur die Überschriften.
In welchem Abschnitt steht wohl,
wie man einen kranken Hund behandelt? Markiere.

Abschnitt ☐1 ☐2 ☐3

3 Woran erkennt man einen Hund mit Schnupfen?
Die Antworten stehen wahrscheinlich in Abschnitt ☐.
Kreuze alle richtigen Antworten an.

- ☐ Der Hund hat keinen Appetit.
- ☐ Er muss nicht niesen.
- ☐ Seine Nase läuft.
- ☐ Er reibt mit seiner Pfote immer über seine Ohren.
- ☐ Er ist müde und matt.

Fritz Stachelwald

Bei Nacht und Nebel durch den Park |
marschiert der Polizist Hans Stark. ||

In einem Strauche rührt sich was.
Ein Niesen, Schnaufen. Was ist das?

„Heraus! – Ich schieße! – Wird es bald?"
Zum Vorschein kommt Fritz Stachelwald.

„Ach Igel, du streifst noch herum?
Das darfst du gern. – Entschuldigung!"

Josef Guggenmos

1 Lies das Gedicht leise. Kläre unbekannte Wörter.

2 Setze Silbenbögen unter schwierige Wörter.

3 Wie möchtest du das Gedicht vortragen? Kreuze an.

- ☐ fröhlich ☐ traurig ☐ ____________
- ☐ leise ☐ laut ☐ ____________

4 Setze sinnvolle Pausen.

5 Lies das Gedicht laut, bis du es gut kannst.

6 Trage das Gedicht einem Partnerkind vor.
Was kannst du noch verbessern?

____

Großer Laternenumzug

in Grünberg
11. November

Wann und wo?
Um 17 Uhr treffen sich alle Kinder vor der Grundschule Grünberg. Von dort ziehen wir mit unseren Laternen zur Martinskirche und singen unsere Laternenlieder.

Bitte warm anziehen!!!

Essen und Getränke:
- Kinderpunsch
- Früchtetee
- Brezeln
- Bratwürste

Das Kind mit der schönsten selbst gebastelten Laterne bekommt einen Preis!!!

1 An welchem Tag findet der Laternenumzug statt?

am

2 Wo startet der Laternenumzug? Kreuze an:

☐ vor der Martinskirche ☐ vor der Grundschule ☐ vor dem Rathaus

3 Wann treffen sich die Kinder?

☐ 7 Uhr ☐ 18 Uhr ☐ 17 Uhr

4 Was gibt es zu essen und zu trinken?
Kreuze alle richtigen Antworten an.

☐ Kuchen ☐ Kinderpunsch ☐ Brezeln
☐ Limonade ☐ Bratwürste ☐ Früchtetee

5 Wie sollen sich die Kinder beim Laternenumzug anziehen?
Zeichne dich in der passenden Kleidung.

Miteinander leben

Wir spielen ganze Tage lang

Jonas und ich*, wir spielen und wir spielen und wir spielen, ganze Tage lang. Ja, Lotta darf auch mitspielen, wobei sie mitmachen kann. Aber manchmal, da spielen wir Seeräuber und dann ist Lotta uns nur im Weg. Sie fällt nämlich bloß vom Tisch runter, den wir als Schiff nehmen. Aber sie schreit und will trotzdem mitspielen. Neulich, als wir Seeräuber spielten und Lotta uns nicht in Ruhe ließ, da sagte Jonas: „Weißt du, was man tut, wenn man Seeräuber spielt, Lotta?" „Man steht auf dem Tisch und hopst und ist Seeräuber", sagte Lotta. „Ja, aber es gibt noch eine andere Art und die ist viel besser", sagte Jonas. „Man liegt unterm Bett auf dem Fußboden ganz, ganz still."

Und Jonas und ich kletterten auf den Kinderzimmertisch und segelten aufs Meer hinaus – ja das haben wir natürlich nur gespielt.

Astrid Lindgren

*Mia-Maria

1 Was denkt und fühlt wohl Mia-Maria, wenn Lotta immer mitspielen will? Schreibe es in die Blase.

2 Was denkt und fühlt wohl Lotta, wenn sie nicht mitspielen darf? Schreibe es in die Blase.

Jetzt hol ich mir eine neue Schwester

Am Donnerstag hat uns die Freundin
meiner großen Schwester besucht.
Die beiden wollten ohne mich Musik hören
und haben mich vor die Tür gestellt.
Da war ich sehr beleidigt und habe gebrüllt:
„Jetzt hole ich mir eine neue Schwester!"
Ich habe mir das Mädchen geholt, das letzte Woche
mit mir auf dem Spielplatz Seilhüpfen geübt hat.
Meine neue Schwester ist klasse.
Sie lässt mich in ihr Zimmer,
wenn ihre Freundin da ist.
Zusammen hören wir Musik und ich bin dabei,
wenn sie sich Geheimnisse erzählen.

Am Freitag war ich fürchterlich müde.
Das Schlimmste aber war, dass ich meine Mama,
meinen Papa und meine Geschwister
sehr vermisst habe.
Deshalb habe ich beschlossen:
Ich will meine alte Familie wiederhaben.
Jetzt habe ich meine alte Familie zurück.
Es ist schön, dass meine Mama, mein Papa,
mein Bruder und meine Schwester wieder da sind.
Auch wenn sie nicht immer Zeit für mich haben.
Und wenn niemand mit mir spielt,
hol ich mir keine neue Mama.
Dann kann ich nämlich endlich in Ruhe ein Bild malen.

Brigitte Raab

1 Grüner Abschnitt: Die neue große Schwester ist toll.
An welcher Stelle im Text erkennst du das? Markiere.

2 Blauer Abschnitt: Das Kind möchte seine alte Familie zurückhaben.
An welcher Stelle im Text erkennst du das?
Markiere die Stelle in einer anderen Farbe.

Alltagsmutter – Sonntagsvater

„Ich muss mit euch reden“, sagt der Vater. „Kommt, wir setzen uns da auf die Bank!“ Und dann erzählt er seinen Kindern, wie traurig er sei und wie schwer es ihm gefallen sei, sich von ihnen und ihrer Mutter zu trennen. Er erklärt noch einmal, warum es keine andere Möglichkeit gäbe als diese Trennung, und sagt ihnen, wie lieb er sie habe und wie schrecklich es sei, sie nur noch so selten zu sehen. Die drei trösten sich gegenseitig. „Wir müssen uns alle erst langsam an diesen neuen Zustand gewöhnen“, sagt der Vater. Und Moritz meint: „Beim nächsten Mal bringe ich ein paar von meinen Spielsachen mit. Und abends können wir ja Mühle spielen!“

Cornelia Nitsch

1 Was denkt und fühlt wohl der Vater? Schreibe in die grüne Blase.

2 Was denkt und fühlt wohl Moritz? Schreibe in die blaue Blase.

Der Lehnstuhl

Großvater ist gestorben.
Vor Jahren schon.
Sein Lehnstuhl steht auf dem Dachboden
mitten unter anderem Gerümpel.
In diesem Stuhl saß er immer und rauchte seine Pfeife.
Manchmal lag die Katze auf seinem Schoß und schlief.
Es war sehr gemütlich bei Großvater.
Inzwischen ist auch die Katze alt geworden.
In letzter Zeit geht sie immer auf den Dachboden
und schläft lange in Großvaters Lehnstuhl.

Erwin Moser

1 Was stimmt? Was stimmt nicht? Kreuze an.

			stimmt	stimmt nicht
1	Der Lehnstuhl steht im Keller.	Lies in Zeile 3 nach.		
2	Großvater ist vor kurzem gestorben.	Lies in Zeile 2 nach.		

2 Markiere die richtige Antwort im Text. Kreuze an:

Wo lag die Katze manchmal?
- ☐ auf einer Decke
- ☐ auf dem Fensterbrett
- ☐ auf Großvaters Schoß

Wie war es bei Großvater?
- ☐ ungemütlich
- ☐ gemütlich
- ☐ lustig

3 In welcher Zeile steht, dass die Katze in letzter Zeit auf den Dachboden geht? Zeile ______

In welcher Zeile steht, dass Großvater gestorben ist? Zeile ______

Märchenzeit

Hänsel und Gretel

1 Was können die Figuren auf dem Bild sagen oder denken?
Schreibe es in die Blasen.

2 Stell dir vor, du bist

☐ Hänsel. ☐ Gretel.

Was würdest du sagen?

Ich sehe ______________________.

Ich höre ______________________.

Ich fühle ______________________.

Ich rieche ______________________.

Die große Rübe

Der Großvater hat ein Rübchen gesteckt.
Das Rübchen wuchs und wurde riesengroß.
Der Großvater geht, die Rübe zu ziehen.
Er zieht und zieht –
er kann sie nicht herausziehen.
Der Großvater ruft die Großmutter.
Großmutter fasst den Großvater,
Großvater fasst die Rübe.
Sie ziehen und ziehen –
sie können sie nicht herausziehen.

Dann werden noch das Enkelchen, das Hündchen und das Kätzchen zu Hilfe gerufen.

Sie ziehen und ziehen –
sie können sie nicht herausziehen.

Das Kätzchen ruft das Mäuschen.
Das Mäuschen fasst das Kätzchen,
das Kätzchen fasst das Hündchen,
das Hündchen fasst das Enkelchen,
das Enkelchen fasst die Großmutter,
die Großmutter fasst den Großvater,
der Großvater fasst die Rübe.
Sie ziehen und ziehen –
und heraus ist die Rübe.

1 Welche Figuren spielen mit?
Markiere jeden Namen einmal.

2 Male das Bild zu den Zeilen 16–23 fertig.

Märchenrätsel: Wer bin ich?

Ich tanze gern am Feuer.
Niemand soll meinen Namen wissen.
Ich möchte das Kind der Königin haben. [1]

Ich bin ein neugieriges Mädchen.
Im Schlossturm habe ich eine alte Frau
mit einem Spinnrad entdeckt.
Dort bin ich eingeschlafen. [2]

Ich habe viel zu tun.
Am liebsten schüttele ich die Betten auf.
Dann schneit es auf der Erde. [3]

Ich liebe Pflaumenmus.
Ich habe mit einem Riesen gekämpft
und mit Fliegen.
Sieben habe ich auf einen Streich erlegt. [4]

1 Lies die Rätsel. Schreibe die Zahl vor den passenden Namen.

2 Woran hast du erkannt, welche Figur gemeint ist?
Markiere in jedem Rätsel eine Stelle.

3 Schreibe selbst ein Rätsel zu einer Märchenfigur.

Ich ______________________________

____

____

__________________________________.

Ich heiße ____________________.

Das Buchstaben-Märchenland

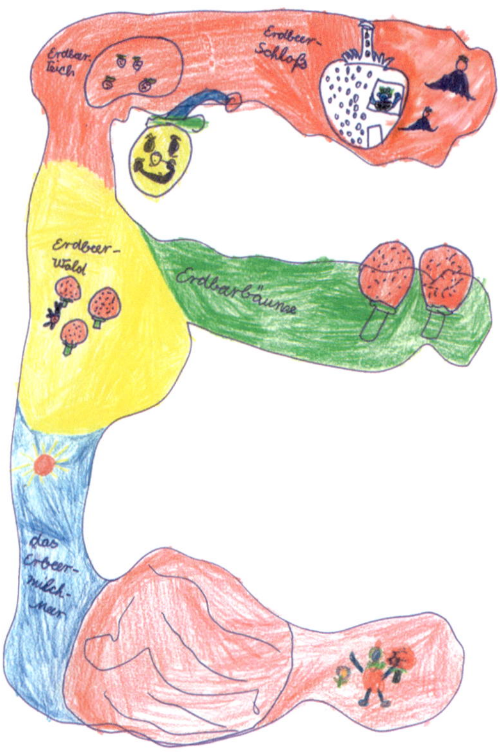

Wörtersammlung von Nicole:
Erdbeerteich
Erdbeerlampen
Erdbeerschloss
Eiscremeberge
Eistütenwiese
Eselapfelbäume
Erdbeerleuchtturm
Erdbeerbäume

1 Lies die Wörter von Nicole. Was stellst du fest?

Alle Wörter ______________________________.

2 Markiere in der Zeichnung alle Wörter, die du in der Wörtersammlung findest.

3 Sammle weitere Wörter mit Erdbeer oder mit dem Buchstaben E.

4 Male einen Gegenstand aus der Wörtersammlung.

Mein Märchengegenstand

Im Winter

Die schönsten Gedichte zum Winter

Inhaltsverzeichnis

1 Lies nur die farbigen Überschriften.

In welchem Kapitel geht es um die Adventszeit? In Kapitel ______

In welchem Kapitel findest du Wintergedichte? In Kapitel ______

2 Worum geht es in dem Kapitel Holler, boller, Rumpelsack?

____

3 Überfliege das Inhaltsverzeichnis.
In welchem Kapitel findest du ein Gedicht von Elise Hennek?

Ich finde es in Kapitel ______.

Der Schneemann auf der Straße

Der Schneemann auf der Straße
trägt einen weißen Rock,
hat eine rote Nase
und einen dicken Stock.

— *Strophe*

Er rührt sich nicht vom Flecke, — *Vers*
auch wenn es stürmt und schneit.
Stumm steht er in der Ecke
zur kalten Winterszeit.

Doch tropft es von den Dächern
im ersten Sonnenschein,
da fängt er an zu laufen,
und niemand holt ihn ein.

Robert Reinick

1 Lies den Text. Streiche immer den falschen Satz durch.

Der Text besteht aus 3 Versen.	Der Text besteht aus 3 Strophen.
Einige Verse reimen sich.	Die Verse reimen sich nicht.
Der Text ist ein Gedicht.	Der Text ist kein Gedicht.

2 Welche Wörter reimen sich? Markiere sie in der gleichen Farbe.

3 Welche Textstelle gefällt dir besonders gut? Markiere. Begründe.

Mir gefällt die Stelle, weil

Die Geschichte vom beschenkten Nikolaus

Nikolaus: Bis du im letzten Jahr auch brav gewesen?
Klaus: Ja, fast immer.
Nikolaus: Kannst du mir auch ein schönes Gedicht aufsagen?

Klaus sagt ein Gedicht auf.

Lieber, guter Nikolaus,
du bist jetzt bei mir zu Haus,
bitte leer' die Taschen aus,
dann lass ich dich wieder raus.

Nikolaus: Das hast du schön gemacht.

Der Nikolaus schenkt dem Klaus Äpfel, Nüsse, Mandarinen und Plätzchen.

Klaus: Danke.
Nikolaus: Auf Wiedersehen.

Der Nikolaus dreht sich um und will gehen.

Klaus: Halt! Warst du im letzten Jahr auch brav?
Nikolaus: So ziemlich.
Klaus: Kannst du mir auch ein schönes Gedicht aufsagen?

Der Nikolaus sagt auch ein Gedicht auf.

Liebes, gutes, braves Kind,
draußen geht ein kalter Wind,
koch mir einen Tee geschwind,
dass ich gut nach Hause find.

Klaus kocht dem Nikolaus einen heißen Tee.

Nikolaus: Danke für den Tee.
Klaus: Bitte, gerne geschehen. Komm auch nächstes Jahr vorbei, dann beschenken wir uns wieder.
Nikolaus: Natürlich, kleiner Nikolaus.

Der große Nikolaus geht hinaus in die kalte Nacht.

Alfons Schweiggert

1 Welche Wörter reimen sich in dem roten Text? Markiere.

2 Was ist das für ein Text? Kreuze an und begründe.

Der rote Text ist ☐ eine Geschichte, ☐ ein Gedicht, ☐ eine Spielszene,

weil ______________________________.

Die Weihnachtsgeschichte

1 **Jesus ist geboren**
Als Jesus in Bethlehem geboren war,
wollten alle das Kind sehen
und es willkommen heißen.

2 **Die Hirten**
Ein Engel kam zu den Schafhirten.
Er brachte ihnen die gute Nachricht,
dass Jesus geboren war.
So machten sich die Schafhirten mit ihren
Schafen auf den Weg nach Bethlehem.

3 **Die Weisen**
Drei kluge Männer aus dem Morgenland
sahen einen Stern. Sie folgten ihm.
Der Stern zeigte den Männern
den Weg nach Bethlehem.
Über einem kleinen Stall blieb der Stern stehen.
Im Stall lag das Kind Jesus in der Krippe.
Die Männer brachten dem Kind Geschenke:
Gold, Weihrauch und Myrrhe.

1 x Schau dir die Bilder an. Worum geht es wohl in dem Text?
Es geht

- ☐ um verschiedene Menschen.
- ☐ um Haustiere.
- ☐ um die Schule.
- ☐ um Sport.

2 Lies nur die Überschriften. In welchem Abschnitt steht wohl etwas über Hirten? Rahme den richtigen Abschnitt ein.

3 Überfliege den Text mit den Augen.
Markiere im Text das Wort **Bethlehem**.

Wie oft hast du es gefunden? ☐-mal

4 Vergleiche mit einem Partnerkind.

Das tut mir gut

Irenes Geburtstag

Irene hat Geburtstag. Irene wohnt seit einem Monat in Astrids Straße. An einem Ende der Straße wohnt Astrid, am anderen Ende wohnt Irene, und die Straße ist nicht lang. Irene hat Astrid zur Geburtstagsfeier nicht eingeladen. Astrid ist sehr traurig. Vielleicht lädt sie mich zum nächsten Geburtstag ein, denkt Astrid.

Rita ist eingeladen. Rita weiß aber nicht, wo Irene wohnt, und darum kommt sie zu Astrid. Astrid begleitet Rita und zeigt ihr, wo Irene wohnt. Als Rita im Tor verschwunden ist, geht Astrid nach Hause. Irenes Mutter kommt auf die Straße und ruft Astrid. Astrid tut so, als ob sie nichts hört, und beginnt zu laufen. Dicke Tränen kollern über ihre Backen, Astrid wischt die Tränen rasch weg, denn sie will ja gar nicht weinen. „Ich mach mir überhaupt nichts draus, dass Irene mich nicht eingeladen hat. Warum sie aber Rita eingeladen hat, versteh ich nicht“, sagt Astrid zu ihrer Mutter.

Karin Gündisch

1 Welche Stelle im Text findest du besonders traurig? Markiere diese Stelle rot.

2 Vergleiche mit einem Partnerkind. Welche Stelle hat das Kind markiert? Markiere diese Stelle grün.

3 Was stellst du fest? Kreuze an.

- ☐ Mein Partnerkind hat die gleiche Stelle markiert.
- ☐ Mein Partnerkind hat eine andere Stelle markiert.

4 Unterhaltet euch darüber.

Ich freue mich

Ich freue mich, dass ich Augen hab,
die alles ringsum sehn.
Freue mich, dass ich Füße hab,
wohin ich will, zu gehen.
Freue mich über meine Ohren,
dass ich die Vögel hören kann –
und zieht der Kuchenduft ins Zimmer,
wie freut mich eine Nase dann.
Die Hände greifen, was ich will,
die Finger halten selten still –
und meine Haare kitzeln mich,
und was der Kopf denkt, spreche ich.

Lutz Rathenow

Ich finde das
Gedicht ______________________,
weil ______________________
______________________.

1 Wie findest du das Gedicht?
Schreibe deine Meinung in die Blase.

2 Worüber freust du dich? Schreibe deine Gedanken
auf die Strahlen der „Ich freue mich“-Sonne.

eigene Gedanken zu Texten entwickeln, zu Texten Stellung nehmen und mit anderen über Texte sprechen

Sandkastenfreunde

Die Freundschaft von Maya und David begann, als sie gerade mal erst zwei Wochen alt waren. Später saßen sie zusammen im Sandkasten und haben sich gegenseitig mit Brezeln gefüttert.

Als David das erste Mal allein beim Bäcker Brötchen holen durfte, stand Maya ihm tatkräftig zur Seite. Sie gab die Bestellung auf und er zählte das Geld ab – perfekte Teamarbeit!

Aber dass Maya früher Schwimmen gelernt hat als er, hat ihn schon ein bisschen gewurmt. Befreundet sein bringt es oft mit sich, dass man sich mit dem anderen vergleicht. Das kann Neid und schlechte Laune wecken. Aber echte Freunde stehen solche Krisen durch und sind am Ende stolz aufeinander.

Inzwischen sind Maya und David acht Jahre alt. Sie spielen und reden miteinander, lauschen Hörbüchern, tauschen Briefmarken und Glasperlen. Und wenn einer von ihnen krank ist, bringt der andere ihm die Hausaufgaben. „Wenn einer an einen denkt“, das ist es, was für Maya Freundschaft ausmacht.

1 Markiere in jedem Abschnitt eine wichtige Information.

2 Ordne jedem Abschnitt die passende Überschrift zu.

Im Park

Sinan und Felix spielen im Park gegen Murat Fußball.

1 Plötzlich kam Hülya vorbeigefahren.
Sie hatte ein tolles neues Fahrrad.
„**Hey! Bisiklete bak!**"*, rief Murat.
„Was?" Felix hatte schon wieder nichts verstanden.
Murat lief dem Mädchen mit dem Fahrrad entgegen.
Sinan nahm den Fußball und folgte ihm.

2 „**Selam**, Hülya!", rief Murat.
Wie bitte, dachte Felix. Er kam sich richtig doof vor.
Er schaute zu Sinan.
„Selam!", sagte Sinan und hob die Hand. „Ich heiße Sinan."
Ach so! Jetzt hatte Felix verstanden.
„Selam, ich bin der Felix."

3 „Und das ist Schnuffi", sagte Hülya.
Schnuffi war ein neugieriger Hund.
Er lief gleich zu Sinan und wollte ihn beschnuppern.
Doch Sinan hatte Angst vor großen Hunden
und ging einen Schritt zurück.
Schnuffi kam näher.
Sinan ging noch einen Schritt zurück,
dann noch einen und noch einen und –
stolperte über einen Stein. Autsch!

Aygen-Sibel Çelik

*auf Deutsch: Hey, schau mal, das Fahrrad!

1 Welche Überschrift passt zum Abschnitt 1? Kreuze an.

☐ Murats neues Fahrrad ☐ Felix versteht nichts ☐ Sinan spielt Fußball

2 Was bedeutet **Selam**? Notiere deine Vermutung.

Selam bedeutet ______________________________.

3 Was passiert in Abschnitt 3? Male ein Bild.

Im Frühling

Die Tulpe

Dunkel
War alles und Nacht.
In der Erde tief
Die Zwiebel schlief,
Die braune.

Was ist das für ein Gemunkel,
Was ist das für ein Geraune,
Dachte die Zwiebel,
Plötzlich erwacht.
Was singen die Vögel da droben
Und jauchzen und toben?

Von Neugier gepackt,
Hat die Zwiebel einen langen Hals gemacht
Und um sich geblickt
Mit einem hübschen Tulpengesicht.

Da hat ihr der Frühling entgegengelacht.

Josef Guggenmos

1 Male zu jeder Strophe des Gedichts ein Bild.

2 Versuche, das Gedicht auswendig zu sprechen.
Decke den Text ab. Nutze die Bilder.

Frühlingsboten

1 Lies Seite 109 im Lesebuch.

2 Welches kleine Frühlingsgedicht gefällt dir am besten?
Schreibe die erste Zeile des Gedichts auf.

3 Warum gefällt dir dieses Gedicht besonders gut? Begründe.

Das Gedicht gefällt mir, weil

.

4 Welche Wörter im Gedicht findest du besonders schön?
Schreibe sie auf.

5 Schreibe dein Lieblingsgedicht ab
und gestalte einen passenden Rahmen.

Gesunde Frühlingsrezepte

Power-Drink

Du brauchst:
3 Gläser Orangensaft,
1 Glas Möhrensaft,
Saft von einer Zitrone,
4 Esslöffel Honig

- Gib alle Zutaten in eine Kanne.
- Rühre die Flüssigkeit gut um.

Erdbeerspießchen mit Joghurt-Dip

Du brauchst:
Zahnstocher,
Erdbeeren,
Vanille-Joghurt

- Wasche die Erdbeeren.
- Stecke in jede Beere einen Zahnstocher.
- Gib das Vanille-Joghurt in eine kleine Glasschüssel.

Alles fertig!

Gurkenschlange

Du brauchst:
eine gewaschene Schlangengurke,
150 g Fleischwurst,
eine gefüllte Olive,
ein Stück rote Paprika

1 Lies die Frühlingsrezepte.

2 Mit welchem Rezept möchtest du deine Mama oder deinen Papa überraschen? Kreuze an und begründe.

☐ Gurkenschlange ☐ Erdbeerspießchen ☐ Power-Drink

Begründung: ______________________________

3 Welches Rezept möchtest du mit deinem Freund oder deiner Freundin gemeinsam ausprobieren? Kreuze an und begründe.

☐ Gurkenschlange ☐ Erdbeerspießchen ☐ Power-Drink

Begründung: ______________________________

Der Storch

Habt ihr noch nicht vernommen?
Am Dache sitzt er schon!
Der Storch ist heimgekommen;
Hört doch den frohen Ton!
Klapper diklapp, klapper diklapp.
Klapper nur, klapper du
immerzu!

Heinrich Hoffmann von Fallersleben

1

2

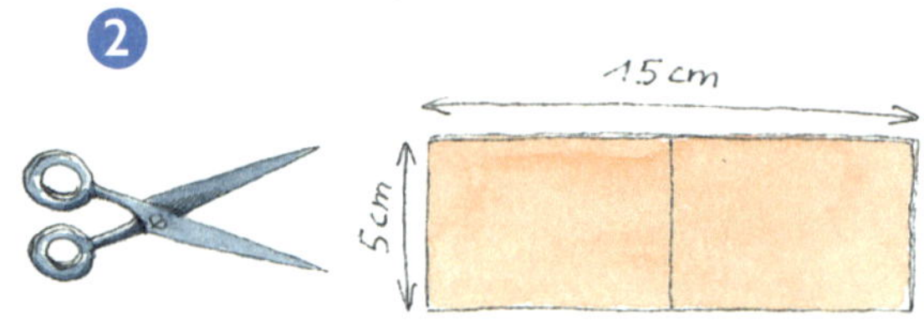

3

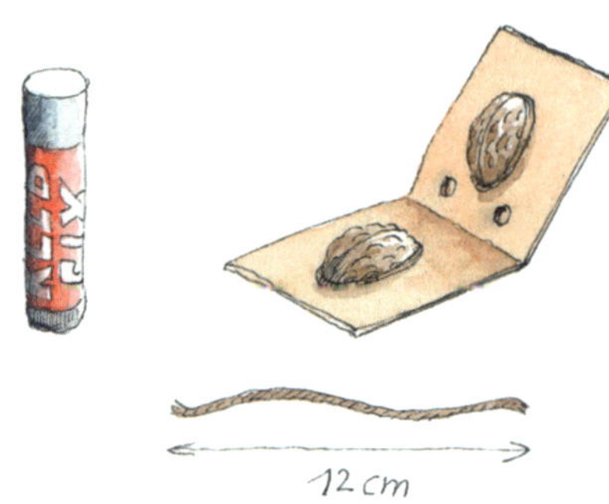

1 Lies das Gedicht.

2 Welche Wörter klappern wie der Storchenschnabel?
Markiere im Text.

3 Lerne das kleine Gedicht auswendig.

4 Bastle einen klappernden Storchenschnabel.
Die Bilder oben helfen dir.

5 Trage das Gedicht vor. Klappere mit deinem Storchenschnabel,
wenn du die markierten Wörter sprichst.

Mit Tieren leben

Inga

Als Inga aus der Schule nach Hause kam,
war der Vater so komisch.
„Ist etwas passiert?“, fragte sie.

„Es ist etwas Trauriges passiert.
Dein Häschen ist tot“, sagte er.

Einen Augenblick war Inga ganz still,
dann füllten sich ihre Augen mit Tränen.
Der Vater nahm sie in die Arme.
„Wo ist Nischka? Kann ich ihn sehen?“,
fragte sie.

„Ich habe ihn draußen im Garten
zwischen den beiden Büschen begraben“,
sagte der Vater.

„Ich hätte ihn doch so gern
noch einmal gesehen“,
sagte Inga und ging hinaus.

Nach einiger Zeit kam sie zurück
und ging in ihr Zimmer.

Arnold Grömminger

1 Markiere in jedem Abschnitt zwei oder drei wichtige Wörter.
Schreibe die Wörter in den Rahmen neben dem Abschnitt.

2 Decke den Text ab.
Erzähle die Geschichte mit Hilfe der Wörter in den Rahmen.

Tiersteckbrief – Katze

Ernährung

Besonderheiten

Aussehen

____

Katzen besitzen einen runden Kopf mit zwei kleinen Ohren, lange Tasthaare und einen langen Schwanz.
Hauskatzen sind Raubtiere. Sie haben lange Eckzähne, mit denen sie ihre Beute festhalten.

____

Katzen wurden früher als Jäger von Mäusen und Ratten gehalten. Sie fressen aber auch andere kleine Tiere.
Katzen, die in der Wohnung gehalten werden, bekommen Feucht- oder Trockenfutter.

____

Katzen können geschickt klettern und sehr gut hören und sehen – auch in der Dunkelheit.
Katzen können ihre Krallen einziehen. Wenn sie angreifen, lassen sie die Krallen vorschnellen und packen so ihre Beute.

1 Ordne jedem Abschnitt die passende Überschrift zu.

2 Markiere in jedem Abschnitt drei bis fünf wichtige Wörter.
Schreibe sie an die passende Stelle im Steckbrief.

3 Trage vor, was du über die Katze weißt. Nutze den Steckbrief.

Steckbrief Katze

Aussehen: ______________________________

____

Ernährung: ______________________________

Besonderheiten: ______________________________

Rund um Tiere

1

2

Hunde-Kekse

Zutaten:
- 1/2 Liter Melasse
- 1 Glas Apfelmus
- 1/2 Tasse Sonnenblumenöl
- 8 Tassen Haferflocken
- 4 Tassen Kleie
- 1/2 Tasse Salz
- 1 1/2 Teelöffel Backpulver
- 1 Kilo Karotten
- 10 Tassen Weizenmehl

Den Ofen auf 175 Grad vorheizen. Alle Zutaten zu einem weichen Teig verarbeiten. Ein Backblech einfetten und die Masse aufstreichen. Mit einem Messer Linien einritzen, damit sich die Kekse später leichter trennen lassen. Ungefähr 10 Minuten backen, bis die Kekse schön braun sind.

3

5

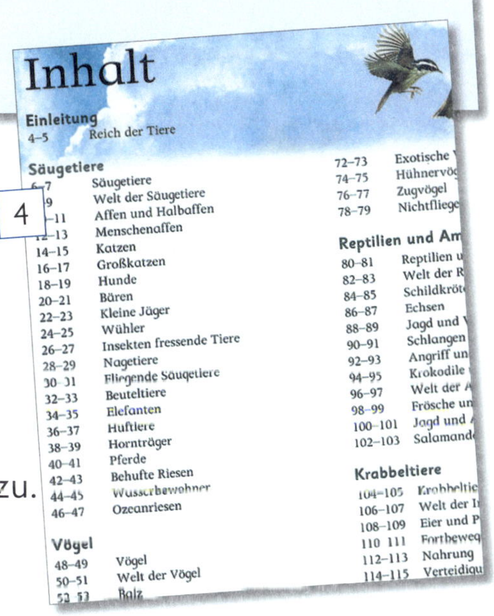

4

1 Lies die Texte genau.

2 Was sind das für Texte?
Schreibe die passenden Nummern dazu.

- ☐ Rezept
- ☐ Eintrittskarte
- ☐ Inhaltsverzeichnis
- ☐ Fernsehprogramm
- ☐ Plan

Was stimmt?

1 Kreuze alle richtigen Antworten an.

Auf der Visitenkarte eines Tierarztes findet man

- [ ] das Alter des Tierarztes.
- [ ] die Adresse der Praxis.
- [ ] die Öffnungszeiten der Praxis.
- [ ] das Lieblingstier des Tierarztes.
- [ ] die Telefonnummer der Praxis.

Nächste Impfung am: Feb. / 07

M. GEORGIEW
Praktischer Tierarzt
39114 Magdeburg *Pechauer Str. 15
Tel.: 0391 / 8114205 od. 857337
Sprechzt.: Mo.-Fr. 16:00-18:00 Uhr
und nach Terminvereinbarung

Feline Leukose
Katzenschnupfen
Katzenseuche
FIP
Tollwut
Staupe
H. c. c.
Parvovirose
Zwingerhusten
Leptospirose
Borreliose

In einer Suchanzeige für eine entlaufene Katze findet man:

- [ ] Farbe des Katzenfells
- [ ] Beruf des Besitzers
- [ ] die Telefonnummer des Besitzers
- [ ] besondere Merkmale der Katze
- [ ] die Haarfarbe des Besitzers

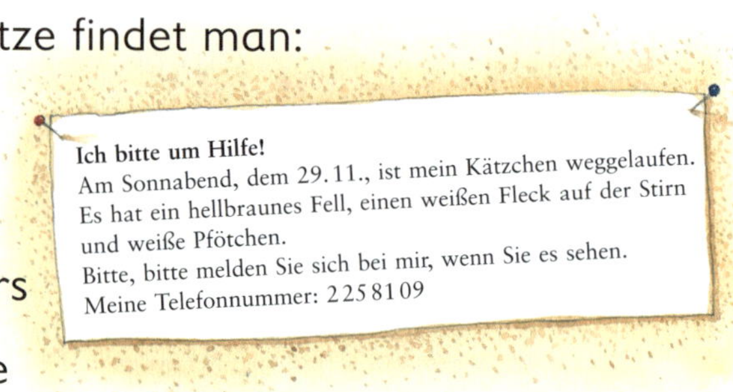

Ich bitte um Hilfe!
Am Sonnabend, dem 29.11., ist mein Kätzchen weggelaufen.
Es hat ein hellbraunes Fell, einen weißen Fleck auf der Stirn und weiße Pfötchen.
Bitte, bitte melden Sie sich bei mir, wenn Sie es sehen.
Meine Telefonnummer: 225 81 09

Auf einem Kassenzettel steht häufig

- [ ] das Datum des Einkaufs.
- [ ] der Name des Geschäfts.
- [ ] die Größe des Geschäfts.
- [ ] der Preis der eingekauften Waren.
- [ ] das Fernsehprogramm.

In einem Impfpass einer Katze findet man folgende Einträge:

- [ ] Krankheiten, gegen die die Katze geimpft werden soll
- [ ] Name der Katze und des Katzenbesitzers
- [ ] Stempel des Tierarztes
- [ ] Größe des Tierarztes
- [ ] Kochrezept für Katzenfutter

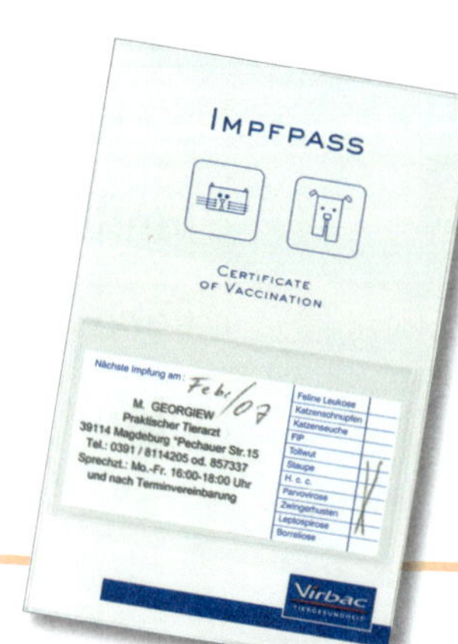

LF S.125

Bei uns und anderswo

www.nationalgeographic-world.de

Auf der Internetseite können Kinder interessante Neuigkeiten aus der ganzen Welt erfahren. Wenn man ein Bild anklickt, erscheint ein längerer Text.

WORLD NEWS*

Strom aus dem Meer
Windräder im Meer könnten uns bald mit elektrischem Strom versorgen. ☐

Tom

Wer spricht denn da?
Berlin: In Deutschlands Hauptstadt sprechen die Mülleimer. Und das sogar in drei Sprachen! ☐

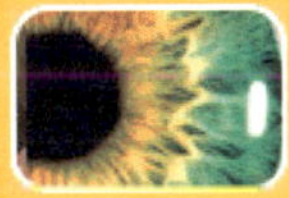

Ertappt!
Lügen haben kurze Beine. Mit dem neuen Lügendetektor auf jeden Fall! ☐

Adoptiere mich!
Mit etwas Geld kannst du kranken und verletzten Koalas in Australien helfen. ☐

Neuer Dino
Fluss Narmada, Indien: Ein Fund sorgt unter den Paläontologen für Aufruhr. Der bislang unbekannte Dino soll vor 65 Millionen Jahren gelebt haben. ☐

Alarm bei Elefanten
Afrika und Asien: Elefanten haben große Füße, und wenn Gefahr droht, stampfen sie kräftig auf, um sich zu warnen. ☐

*Welt-Nachrichten

Tom liebt Berlin. Seine Großeltern leben dort.
Maria liest am liebsten Bücher über Dinosaurier.
Simon interessiert sich sehr für Kängurus und Koalas.
Nele geht im Zoo immer zuerst zu den Elefanten.

1 Welches Kind möchte wohl was lesen?
Schreibe den Namen neben das Bild.

2 Welche drei Neuigkeiten interessieren dich am meisten? Kreuze an.

Leopard – chui

Leoparden sind wunderschöne Tiere. Man kann sie in Tansania bei einer Safari in einem Nationalpark beobachten. Da muss man aber richtig Glück haben. Leoparden halten sich nämlich tagsüber versteckt. Sie jagen in der Nacht. Leoparden sind sehr schnelle Tiere. Sie können besser klettern als alle anderen Katzen.

Wie lang ist ein Leopard?
Leoparden sind die kleinsten Raubkatzen.
Die Körperlänge eines Leoparden beträgt ungefähr zwei Meter.

Wie viel wiegt ein Leopard?
Ein Leopard ist nicht schwer. Er wiegt ungefähr 50 kg.

Wo lebt ein Leopard?
Leoparden leben im Wald und im trockenen Buschland.

Wie alt kann ein Leopard werden?
Leoparden, die in der Wildnis leben, können etwa 15 Jahre alt werden.

1 Fülle den Leoparden-Steckbrief aus.
Orientiere dich an den Zwischenüberschriften im Text und am Foto.

Der Leopard

Körperlänge:	*ungefähr 2 Meter*
Gewicht:	
Aussehen:	
Lebensraum:	
Alter:	
Besonderheiten:	

Ein Kapitel aus dem Lesebuch

1 Auf welcher Seite fängt das Kapitel **Bei uns und anderswo** an?

Seite ______

2 Auf welcher Seite kannst du etwas über Tiere in Tansania erfahren?

☐ Seite 134 ☐ Seite 142 ☐ Seite 144

3 Wie heißt der Autor, der die Geschichte „Gute Freunde“ geschrieben hat?

____

4 Auf Seite 135 erfährst du, wie Menschen auf der Welt

☐ tanzen. ☐ wohnen. ☐ essen.

5 Welche Seite interessiert dich besonders? Begründe.

Ich finde Seite ______ besonders interessant, weil

____

______________________________.

Feuer auf dem Berg – ein Spiel aus Tansania

Anzahl der Mitspieler: ein Spielleiter,
mindestens vier Mitspieler

Spielanleitung:
Alle Spieler legen sich auf den Rücken.
Sie bestimmen gemeinsam ein besonderes Wort,
zum Beispiel das Wort „Palme".
Wenn der Spielleiter das Wort „Palme" ruft,
müssen alle schnell aufspringen.
Das Spiel beginnt damit, dass der Spielleiter ruft: „Feuer auf dem Berg!"
Alle Mitspieler antworten: „Feuer", springen aber nicht hoch.
Dann ruft der Spielleiter: „Feuer auf dem Fluss!"
Wieder antworten die Spieler: „Feuer" und bleiben liegen.
Der Spielleiter denkt sich immer wieder ein neues Satzende aus,
zum Beispiel „Feuer auf dem Feld", „Feuer auf der Wiese".
Irgendwann ruft der Spielleiter dann plötzlich das Wort „Palme".
Er kann das Losungswort jederzeit rufen, zwischen den Sätzen
oder mittendrin, zum Beispiel „Feuer auf – Palme – der Wiese".
Wer zuletzt aufspringt, muss ausscheiden.

Auf der Internetseite von UNICEF **www.unicef.de** kann man dieses und noch andere Spiele finden.

1 Auf welcher Seite im Internet kann man das Spiel finden?
Markiere den Namen der Internetseite.

2 Ein Satz ist falsch. Streiche ihn durch.

Wer das Spiel gewinnen will, muss sehr schnell sein.
Wer das Spiel gewinnen will, muss gut lesen können.
Wer das Spiel gewinnen will, muss gut zuhören können.

3 Gib in eine Kinder-Suchmaschine die Wörter
„Spiele aus aller Welt" ein.
Notiere eine Internet-Adresse, bei der du ein Spiel
aus einem anderen Land finden konntest.

In der Bibliothek

Mein Lese-Steckbrief

Mein Lieblingsbuch heißt

____.

Das lese ich zurzeit am liebsten:

- ☐ Freundschaftsgeschichten
- ☐ Bücher über Tiere
- ☐ Comics
- ☐ Sachbücher
- ☐ Gedichte
- ☐ ______________________
- ☐ Zeitschriften
- ☐ Märchen
- ☐ Detektivgeschichten
- ☐ Bücher über mein Hobby
- ☐ Abenteuergeschichten
- ☐ ______________________

Hier finde ich es beim Lesen am gemütlichsten:

So ein Leser/So eine Leserin bin ich:

- ☐ Ich habe es gern, wenn mir jemand vorliest.
- ☐ Ich lese gern anderen vor.
- ☐ Ich lese gern mit einem Partnerkind gemeinsam.
- ☐ Ich lese lieber allein für mich.

1 Fülle den Lese-Steckbrief ehrlich aus.

Was steht in welchem Regal?

Malte, Tina und die anderen Kinder sind in der Bibliothek.
Sie dürfen sich allein Bücher heraussuchen, die sie lesen möchten.
Die Bücher sind in Regalen geordnet.

- **Irina:** Ich möchte ein Buch mit russischen Märchen ausleihen.
- **Tina:** Ich möchte ein Witzbuch ausleihen.
- **Julia:** Ich möchte herausfinden, was Kaninchen alles fressen dürfen.
- **Tim:** Ich suche für meinen kleinen Bruder ein Buch mit vielen Bildern.
- **Malte:** Ich lese gerne Bücher über Autos.
- **Rico:** Ich mag spannende Bücher.

1 In welchem Regal können die Kinder ihre Bücher suchen?
Verbinde mit Linien.

2 Aus welchem Regal möchtest du gerne Bücher ausleihen?
Kreuze drei Regale an.

3 Schreibe einen Grund auf, warum du gerne ein Buch ausleihen möchtest.

Kleiner Test für Bibliotheks-Experten

1. Was sind Medien?

A Bleistifte, Füllhalter, Filzstifte

E Bücher, Zeitschriften, Videos, DVDs

2. Wozu benötigt man einen Benutzerausweis?

X zum Ausleihen von Büchern

Y zum Eintritt in die Bibliothek

3. Welche Bücher sind Sachbücher?

O Märchenbuch, Abenteuerbuch, Roman

P Tierbuch, Pflanzenbuch, Autobuch

4. Warum müssen die Bücher in der Bibliothek geordnet werden?

E damit man sie leicht finden kann

I damit man sich darüber freut

5. Was bedeutet das Wort Lesealter?

S das Alter der Bücher

R das Alter der Leser

6. Was ist eine Buchlesung?

S Ein Buch wird verkauft.

I Ein Buch wird vorgestellt.

1 Lies jede Frage. Markiere die richtige Antwort.

2 Ergänze das Lösungswort.

Lösungswort: ___ ___ ___ ___ ___ ___ E

Tim in der Bibliothek

Eines Tages entdeckt Tim in der Bibliothek ein Buch:

Ich tat so, als würde ich ein Buch lesen
mit dem Titel Finn McCool, der Riese von Irland.
Da weckte etwas meine Aufmerksamkeit.
Der erste Satz der Geschichte.
„Finn McCool", stand da, „war der größte Riese in Irland."

Was weckt Tims Aufmerksamkeit?

Der Satz hatte was. Er klang … interessant.
Ich beschloss, ein bisschen weiterzulesen.
Nicht das ganze Buch.
Nie im Leben.
Aber vielleicht noch ein paar Sätze.
Ich las von Abenteuern und Magie.
Zauberer erschlugen Kobolde.
Es war eine andere Welt.

Was beschließt Tim?

„Wollen wir gehen?", sagte eine Stimme.
Ich blickte auf, es war Mama.
„Aber wir sind doch eben erst gekommen.
Es ist erst …"
Ich verstummte, weil ich die Uhr an der Wand sah.
Es war fünf. Fast zwei Stunden lang hatte ich gelesen.

Wie lange hat Tim in dem Buch gelesen?

Eoin Colfer

1 Markiere die Antworten zu den Fragen in jedem Abschnitt.

2 Vergleiche Tims Lese-Erfahrung mit deiner. Schreibe auf.

Welches spannende Buch hast du schon gelesen? __________

Wovon handelt es? __________

Wie lange hast du schon einmal hintereinander in einem Buch gelesen?

____

Unheimliches und Spannendes

Kleiner Test für Buch-Experten

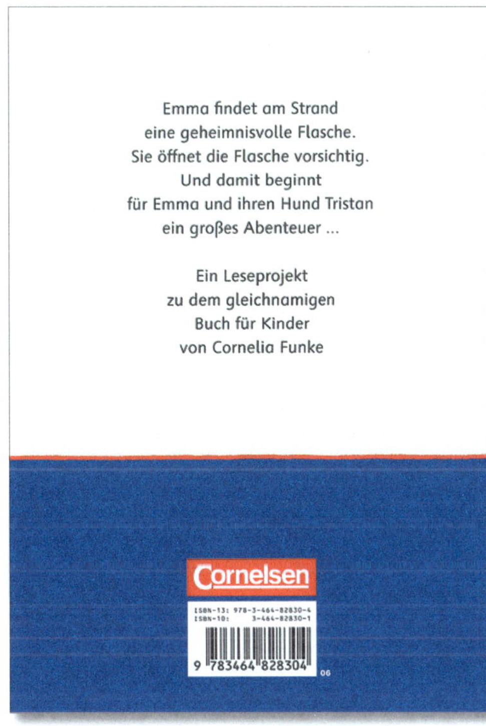

Buchrückseite mit Klappentext

1 Markiere Verlag und Titel. Findest du auch den Autor?

2 Lies den Klappentext zum Buch „Emma und der Blaue Dschinn“.
Was ist das für ein Buch? Kreuze an.

☐ Abenteuerbuch ☐ Tierbuch ☐ Sachbuch über Ritter

3 Welche Bilder gehören nicht in das Buch? Kreuze an.

☐  ☐  ☐ 

Ein Buch vorstellen

Buchrückseite mit Klappentext

1. Ich wähle ein Buch aus meinem Bücherregal oder der Bibliothek. Dabei hilft mir der Klappentext.

Der Titel meines Buches lautet:

____

Der Autor/Die Autorin heißt:

____

Mein Buch ist ein

☐ Abenteuerbuch. ☐ Sachbuch. ☐ Tierbuch. ☐ _______________.

2. Ich lese das Buch, vielleicht über das Wochenende oder in den Ferien.

3. Ich schreibe auf, worum es in dem Buch geht.

Darum geht es in meinem Buch:

____

4. Ich wähle einen oder mehrere Textausschnitte, die ich vorlesen möchte. Ich schreibe mir die Seitenzahlen auf.

Diese Seiten möchte ich vorlesen:

S. _______________

5. Wenn mein Buch Bilder hat, wähle ich einige aus, die ich zeigen möchte. Ich schreibe mir die Seitenzahlen auf.

Diese Bilder möchte ich zeigen:

S. _______________

Im Sommer

Badehose, Sonnenöl

Badehose, Sonnenöl
und die Badetücher
packe ich viel lieber ein
als die Mathe-Bücher.

Schwimmen kann ich wie ein Fisch,
mit und ohne Flossen.
Meine Taucherbrille sitzt
auf den Sommersprossen.

Wie ein U-Boot kann ich nun
unterm Wasser flitzen.
Blas ich meinen Schnorchel aus,
meint man, Wale spritzen.

Badehose, Sonnenöl
und die Badetücher
packe ich viel lieber ein
als die Mathe-Bücher.

Bernhard Lins

Urlaub am Strand

Der achte Urlaubstag fing genauso an wie die anderen. Gleich nach dem Frühstück fuhren sie alle an den Strand. Mias Vater verzog sich in den Schatten und las Zeitung, Mama und Nora, Mias große Schwester, cremten sich ein, bis sie glänzten, und legten sich in die Sonne.
Zuerst vertrieb sich Mia die Langeweile damit, dass sie „Salzen und Pfeffern“ spielte und Nora Sand auf den eingecremten Bauch streute. Meistens machte Nora das so wütend, dass sie Mia den ganzen Strand entlang jagte, was ziemlichen Spaß machte.
Aber heute wischte Nora sich bloß den Sand vom Bauch und sagte, ohne die Augen zu öffnen: „Bau dir ’ne Sandburg.“

Cornelia Funke

1 Was sind das für Texte? Kreuze an.

„Badehose, Sonnenöl“ ist
☐ eine kleine Geschichte.
☐ ein Gedicht.

„Urlaub am Strand“ ist
☐ eine kleine Geschichte.
☐ ein Gedicht.

2 Welche Überschrift passt zu beiden Texten? Kreuze an.

☐ Aufregung am Strand ☐ Langeweile am Strand ☐ Am Strand

Wasserscheu

Alle anderen können schwimmen, nur Mirjam nicht. Mirjam ist nämlich wasserscheu. Das sagen die anderen jedenfalls. Und nun fährt Mama mit ihr in den Ferien an die Ostsee, damit sie schwimmen lernt. Mirjam hat überhaupt keine Lust dazu. Aber Mama hat ihr versprochen, dass sie nicht ins Wasser muss, wenn sie nicht will. Und außerdem hat sie gesagt, dass das Wasser in der Ostsee salzig ist. Und salziges Wasser trägt einen besser. Man geht darin nicht so leicht unter wie in normalem Wasser.

Cordula Tollmien

Schwimmunterricht

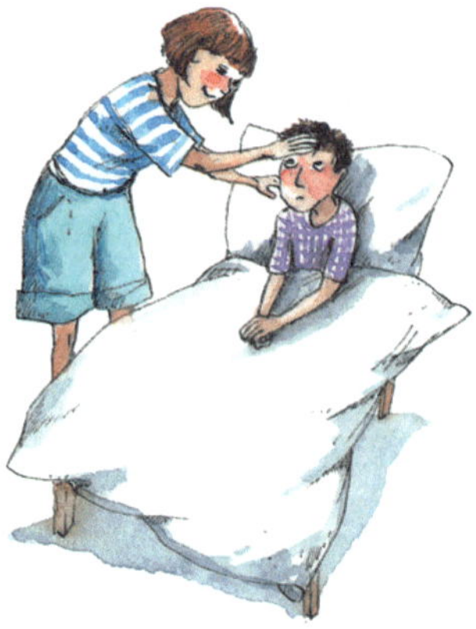

„Ich habe bestimmt Fieber“, sagt Julian. Mama legt ihm die Hand auf die Stirn und sagt: „Nein, hast du nicht.“ „Aber Bauchschmerzen“, sagt Julian. Mama sieht ihn an und fragt: „Was ist los, Julian? Willst du nicht in die Schule? Ihr habt doch heute Schwimmen. Das ist doch toll.“ „Von wegen“, denkt Julian. Aber er sagt nichts. Julian hat Angst vorm Wasser. Beim Umziehen trödelt er. Unter der Dusche bleibt er so lange wie möglich. Alle sind schon im Wasser. Nur Julian noch nicht.

Cordula Tollmien

1 Was stimmt für den blauen Text? Was stimmt für den grünen Text? Kreuze an.

	blau	grün
1 Das Kind hat Angst vor dem Wasser.		
2 Das Kind ist ein Junge.		
3 Das Kind fährt in den Ferien an die Ostsee.		
4 Das Kind trödelt beim Umziehen.		

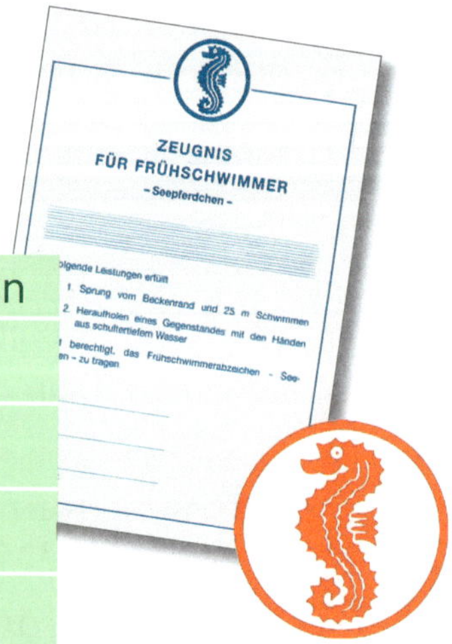

Lösungen

Seite 3

1 Leh rer,
Schü ler,
Haus meis ter

2 lesen, rechnen, schreiben, turnen, zeichnen

3 Lesebuch, Musikunterricht, Sporttasche, Zeichenblock, Klassenzimmer

4 Apfelbaum, Ritterburg, Hausaufgaben

Seite 4

1 der Schrank, das Pferd, die Qualle

3 Lukas schreibt in das Heft.
Max rechnet eine Aufgabe.
Romi liest ein Buch.
Batol singt ein Lied.
Antonia lernt ein Gedicht.

Seite 5

1 Alphabet – steht
Herz – Schmerz
Zorn – vorn
Zwiebelkuchen – suchen
entdeckt – versteckt
Katzen – Tatzen

Seite 6

1 Ben steht links.

2 Helle Kleidung sieht man im Verkehr am besten.

Über die Ampelkreuzung geht man nur bei Grün.

Fangen spielen ist viel zu gefährlich auf dem Schulweg.

Seite 7

2 Kasse – Rinder – listige
lernen – schwitzen – schwatzen

3 Mütze – sie – Vater – Tor

Seite 8

1 (Zeilen 4–8)

3 laut: Zeile 9
Fußboden: Zeile 7
Quatsch: Zeile 8

3 stimmt: 1, 4
stimmt nicht: 2, 3

Seite 9

1 Raben – schwarze Vögel
regelmäßig – immer wieder
rupfen – die Federn herausziehen

2 respektlos: ohne Respekt, ohne Achtung
Rat: ein hilfreicher Vorschlag

Seite 10

1 D = Deutsch
Ku = Kunst
Sp = Sport
SU = Sachunterricht
Mu = Musik
En = Englisch

2 Mo. – Montag
Mi. = Mittwoch
Do. = Donnerstag
Di. = Dienstag

3 S. = Seite
Nr. = Nummer

Seite 12

1 Hunde

2 Abschnitt 3

3 Abschnitt 2

Der Hund hat keinen Appetit.
Seine Nase läuft.
Er ist müde und matt.

Seite 14

1 am 11.November

2 vor der Grundschule

3 17 Uhr

4 Kinderpunsch, Früchtetee, Brezeln, Bratwürste

Seite 16

1 (Zeilen 9–13)

2 (Zeilen 15–19)

Seite 18

1 stimmt nicht: 1, 2

2 auf seinem Schoß gemütlich

3 Zeile 9
Zeile 2

Seite 20

1 Großvater, Großmutter, Enkelchen, Hündchen, Kätzchen, Mäuschen

Seite 21

1 1 Rumpelstilzchen
2 Dornröschen
3 Frau Holle
4 Tapferes Schneiderlein

Seite 22

1 Alle Wörter beginnen mit einem E.

Seite 23

1 Kapitel 3
Kapitel 1

2 Nikolausgedichte

3 Kapitel 3

Seite 24

1 Der Text besteht aus 3 Strophen.
Einige Verse reimen sich.
Der Text ist ein Gedicht.

2 (Straße/Nase)
Rock/Stock

Flecke/Ecke
schneit/Winterszeit

Sonnenschein/ein

Seite 25

1 Nikolaus/Haus/aus/raus

2 Der rote Text ist ein Gedicht, weil sich die Wörter am Ende der Zeilen reimen.

Seite 26

1 Es geht um verschiedene Menschen.

2 Abschnitt 2

3 3-mal

Seite 29

2 Baby-Freundschaft
Ein gutes Team
Ein bisschen neidisch
Immer noch Freunde

Seite 30

1 Felix versteht nichts

2 „Selam" bedeutet „hallo" auf Türkisch.

Seite 36

1 Aussehen
Ernährung
Besonderheiten

2 Aussehen: runder Kopf, kleine Ohren, lange Tasthaare, langer Schwanz, lange Eckzähne

Ernährung: Mäuse, Ratten, Feucht- und Trockenfutter

Besonderheiten: gut klettern, sehr gut sehen, gut hören, können Krallen einziehen

Seite 37

2 1 Plan
2 Fernsehprogramm
3 Rezept
4 Inhaltsverzeichnis
5 Eintrittskarte

Seite 38

Visitenkarte: Adresse, Öffnungszeiten, Telefonnummer

Suchanzeige: Farbe des Fells, Telefonnummer, besondere Merkmale

Kassenzettel: Datum, Name des Geschäfts, Preis

Impfpass: Krankheiten, gegen die die Katze geimpft werden soll

Seite 39

1 Maria: Neuer Dino
Simon: Adoptiere mich!
Nele: Alarm bei Elefanten

Seite 40

Der Leopard
Gewicht: ungefähr 50 kg
Lebensraum: Wald, trockenes Buschland
Alter: etwa 15 Jahre
Besonderheiten: jagt nachts, ist sehr schnell, kann besser als alle anderen Katzen klettern

Seite 41

1 Seite 133

2 Seite 144

3 John Kilaka

4 wohnen

Seite 42

1 www.unicef.de

2 Wer das Spiel gewinnen will, muss gut lesen können.

Seite 44

1 Bilderbücher – Tim
Tiere – Julia
Krimis – Rico
Märchen – Irina
Witze – Tina
Technik – Malte

Seite 45

Lösungswort: EXPERTE

Seite 46

1 (Zeile 4)
(Zeile 7)
(Zeile 20)

Seite 47

1 Abenteuerbuch

3 Bild 1 und 3 sind falsch.

Seite 49

1 „Badehose, Sonnenöl" ist ein Gedicht.
„Urlaub am Strand" ist eine kleine Geschichte.

2 Am Strand

Seite 50

1 blau: 1, 3
grün: 1, 2, 4

Lösungen zu den Magazinseiten im Lesebuch

Hier kannst du Lösungen zu manchen Rätseln der Magazinseiten im Lesebuch notieren. Achte im Buch auf dieses Zeichen.

zu Seite 25: Kuckuckseier

die ______________________, die ______________________,

______________________, die ______________________

zu Seite 34: Obstsalat

die Ä______________________, die B______________________,

die N______________________, die Pf______________________

die T______________________,

zu Seite 57: Familienmitglieder

der B______________________, der C______________________,

die M______________________, die N______________________,

der O______________________, die Sch______________________,

die T______________________, der V______________________

zu Seite 71: Was gehört zusammen?

der F______________________ – Froschkönig

der A______________________ – ______________________

der Sch____________________ – ______________________

das Sp_____________________ – ______________________

die St_____________________ – ______________________

zu Seite 82: Kuckuckseier

der ______________, die ______________, die ______________

zu Seite 98: Gute Freunde

______________________________ Langstrumpf, Thomas und Annika

Max und ______________________________

Das Sams und ______________________________

Die ______________________________ Kerle

Jim ______________________________ und Lukas, der Lokomotivführer

zu Seite 113: Faule Eier

die ______________, die ______________, die ______________

zu Seite 128: **Versteckte Tiere**

das L________________, die Eu________________, der A________________,

das Z________________, die E________________, der St________________,

der R________________, der E________________

zu Seite 140: **Sechs Länder**

F________________, P________________, R________________,

Sch________________, T________________, U________________

zu Seite 157: **Wahr oder gelogen?**

Lösungswort: M________________________

zu Seite 167: **Wahr oder gelogen?**

Lösungswort: G________________________

zu Seite 183: **Kuckuckseier**

die________________, der________________, der________________

Lesefreunde 2

Arbeitsheft

Erarbeitet von
Kerstin Granz, Marion Gutzmann, Irene Hoppe
und der Cornelsen Redaktion Primarstufe

Unter Einbeziehung der Ausgabe von
Kerstin Granz, Marion Gutzmann, Irene Hoppe

Unter Beratung von
Simone Adler (Pirna), Dagmar Diewald (Altenburg), Colette Hoffmann (Magdeburg), Katrin Junghänel (Zwickau), Heike Keitel (Wittenberg), Sigrun Nowak (Hohen Neuendorf), Gerhild Schenk (Werneuchen)

Redaktion: Mirjam Löwen
Bildredaktion (Fotos): Peter Hartmann
Illustrationen: Christa Unzner, Originalillustrationen (s. Bildquellen)
Umschlaggestaltung: tritopp, Berlin; Christa Unzner (Illustration)
Layout und technische Umsetzung: tritopp, Berlin

www.vwv.de

1. Auflage, 1. Druck 2010

Druck: Druckhaus Berlin-Mitte GmbH

Arbeitsheft
ISBN 978-3-06-081154-0

Inhalt gedruckt auf säurefreiem Papier aus nachhaltiger Forstwirtschaft.

Verfasser- und Quellenverzeichnis

S. 11 **Bull, Bruno Horst**: Vogelabschied. Aus: Ute Andresen (Hrsg.): Im Mondlicht wächst das Gras. Ravensburg: Ravensburger Buchverlag Otto Maier, 1991

S. 30 **Çelik, Aygen-Sibel**: Im Park (Titel hinzugefügt, gekürzt). Aus: Sinan und Felix. Wien: Annette Betz Verlag 2007

S. 46 **Colfer, Eoin**: Tim in der Bibliothek (Titel hinzugefügt, Auszug, gekürzt). Aus: Tim und das Geheimnis von Knolle Murphy. Deutsch von Brigitte Jakobeit. Weinheim-Basel: Beltz-Verlag 2009, Programm Beltz und Gelberg

S. 34 **Fallersleben, Heinrich Hoffmann von**: Der Storch. Aus: Kinderlieder. Erste vollständige Ausgabe besorgt von Lionel von Donop. Berlin: G. Grotesche Verlagsbuchhandlung 1877

S. 49 Funke, Cornelia: Urlaub am Strand. (o.A.)

S. 35 **Grömminger, Arnold**: Inga. Aus: Fächerverbindende Themen für das 1. und 2. Schuljahr, Reihe Unterrichtsideen. Leipzig: Ernst Klett Grundschulverlag 1995

S. 13 **Guggenmos, Josef**: Fritz Stachelwald.

S. 31 Die Tulpe. Aus: Was denkt die Maus am Donnerstag? Weinheim-Basel, Beltz und Gelberg in der Verlagsgruppe Beltz, 1998

S. 27 **Gündisch, Karin**: Irenes Geburtstag. Aus: Geschichten über Astrid. Weinheim und Basel: Beltz & Gelberg 1985

S. 9 **KNISTER**: Hexe Lilli zaubert Hausaufgaben (Auszug, gekürzt). Würzburg: Edition Bücherbär im Arena Verlag, 16. Auflage 1999

S. 49 **Lins, Bernhard**: Badehose, Sonnenöl. (o.A.)

S. 15 **Lindgren, Astrid**: Wir spielen ganze Tage lang (Auszug, gekürzt). Aus: Die Kinder aus der Krachmacherstraße. Deutsch von Thyra Dohrenburg. Hamburg: Verlag Friedrich Oetinger 1992

S. 5 **Maar, Paul**: Der letzte Buchstabe. Aus: Jaguar und Neinguar, Hamburg: Oetinger Verlag 2007

S. 18 **Moser, Erwin**: Der Lehnstuhl. Aus: Das große Fabulierbuch. Weinheim-Basel: Beltz Verlag 1995, Programm Beltz und Gelberg

S. 17 **Nitsch, Cornelia**: Alltagsmutter – Sonntagsvater (gekürzt). Aus: Bald ist alles wieder gut. Vorlesegeschichten zum Trösten und Mutmachen. München: Mosaik Verlag/Random House 1996

S. 16 **Raab, Brigitte**: Jetzt hol ich mir eine neue Schwester (Auszug, gekürzt, Überschrift hinzugefügt). Aus: Jetzt hol ich mir eine neue Mama. Hamburg: Verlag Friedrich Oetinger 2007

S. 28 **Rathenow, Lutz**: Ich freue mich. Aus: Der Himmel ist heut blau. Berlin: Der Kinderbuch Verlag 2000

S. 24 **Reinick, Robert**. Der Schneemann auf der Straße. Aus: Reime-Gedichte-Geschichten für den Kindergarten. Berlin: Volk und Wissen Verlag 1974

S. 25 **Schweiggert, Alfons**: Die Geschichte vom beschenkten Nikolaus (gekürzt). Aus: Anne Braun (Hrsg.): Weihnachtsgeschichten. Würzburg: Benziger Edition 1991

S. 8 **Stiemert, Elisabeth**: Eine Quatschgeschichte. Aus: Angeführt! Angeführt! Oldenburg und Hamburg: Stalling-Verlag, 1979

S. 50 **Tollmien, Cordula**: Wasserscheu (gekürzt). Schwimmunterricht (gekürzt). Aus: Weidenbach, Jürgen (Hrsg.): Das große Leselöwengeschichtenbuch. Bindlach: Löwe Verlag 1988

S. 29 Der Bunte Hund, November 2007, S. 8

S. 20 Die große Rübe. Nach einem russischen Volksmärchen (gekürzt). Aus: Reime-Gedichte-Geschichten für den Kindergarten. Berlin: Volk und Wissen Verlag 1974

S. 42 Feuer auf dem Berg – ein Spiel aus Tansania. Nach: UNICEF: Spiele rund um die Welt. Nur als PDF-Datei: http://www.unicef.de/fileadmin /content_media/mediathek/Spiele_rund_um_die_Welt_2009.pdf

Bildquellen

S. 3 /1 Fotolioa.com/Marty Kropp; 2/ Fotolia.com/Gregor Buir; 3/ Fotolia.com/fred seignon; 4/ Fotolia.com/Olaf Kloß; 5/ Fotolia.com/ Albert Schleich; 6/ Fotolia.com/Corbis; 7/ Fotolia.com/Star Jumper; 8/ Fotolia.com/objectsforall; 9/ Fotolia.com/Eric Isselée; 10/ Fotolia.com/TSOMBOS Alexis

S. 7 /1 und 3 Mirjam Löwen, Mittweida

S. 14 Alexander Löwen, Mittweida

S. 22 Originalbeitrag; Marion Gutzmann, Neu-Reichenwalde

S. 26 Kees de Kort: Jesus ist geboren. Deutsche Bibelgesellschaft 1967

S. 33 /1 Fotolia.com/volff; /2 Fotolia.com/AprilD; /3 Fotolia.com/ Ekkehard Stein; /4 Fotolia.com/Andrzej Tokarski; Dagmar von Cramm: Kochen für Kinder. GU 2004 ((war das das richtige Buch, in dem die Gurkenschlage ist?))

S. 36 Fotolia.com/Kati Neudert

S. 37 /1 TV Today, 7.11-20.11.2009; /2 Dorling/Kindersley: Das große Kinderlexikon, Grundschulwissen München: 2009 ((Eintrittskarte))

S. 39 http://www.nationalgeographic.de/worldnews/index.php4

S. 40 Fotolia.com/ Star Jumper

S. 41 Fotolia.com: /1 Peter Wey; /2 Eric Isselée; /3 Xavier Marchant; /4 Andreas Edelmann; John Kilaka aus: www.gripsgrundschule.de/img/ kilaka.jpg;

S. 47 /2 Caroline Roeder. Ein Leseprojekt zum gleichnamigen Buch von Cornelia Funke: Emma und der blaue Dschinn. Berlin: Cornelsen Verlag 2006

S. 48 Nahrgang, Frauke: Luno und der blaue Planet. Würzburg: Arena Verlag 2000